BEI GRIN MACHT SICH IHR WISSEN BEZAHLT

- Wir veröffentlichen Ihre Hausarbeit, Bachelor- und Masterarbeit
- Ihr eigenes eBook und Buch - weltweit in allen wichtigen Shops
- Verdienen Sie an jedem Verkauf

Jetzt bei www.GRIN.com hochladen und kostenlos publizieren

Bibliografische Information der Deutschen Nationalbibliothek:

Die Deutsche Bibliothek verzeichnet diese Publikation in der Deutschen Nationalbibliografie; detaillierte bibliografische Daten sind im Internet über http://dnb.d-nb.de/ abrufbar.

Dieses Werk sowie alle darin enthaltenen einzelnen Beiträge und Abbildungen sind urheberrechtlich geschützt. Jede Verwertung, die nicht ausdrücklich vom Urheberrechtsschutz zugelassen ist, bedarf der vorherigen Zustimmung des Verlages. Das gilt insbesondere für Vervielfältigungen, Bearbeitungen, Übersetzungen, Mikroverfilmungen, Auswertungen durch Datenbanken und für die Einspeicherung und Verarbeitung in elektronische Systeme. Alle Rechte, auch die des auszugsweisen Nachdrucks, der fotomechanischen Wiedergabe (einschließlich Mikrokopie) sowie der Auswertung durch Datenbanken oder ähnliche Einrichtungen, vorbehalten.

Impressum:

Copyright © 2018 GRIN Verlag
Druck und Bindung: Books on Demand GmbH, Norderstedt Germany
ISBN: 9783668633926

Dieses Buch bei GRIN:

https://www.grin.com/document/388810

Anton Kleister

Verfassungsmäßigkeit des Beamtenstreiks. Ist das Streikverbot für Beamte rechtens?

GRIN Verlag

GRIN - Your knowledge has value

Der GRIN Verlag publiziert seit 1998 wissenschaftliche Arbeiten von Studenten, Hochschullehrern und anderen Akademikern als eBook und gedrucktes Buch. Die Verlagswebsite www.grin.com ist die ideale Plattform zur Veröffentlichung von Hausarbeiten, Abschlussarbeiten, wissenschaftlichen Aufsätzen, Dissertationen und Fachbüchern.

Besuchen Sie uns im Internet:

http://www.grin.com/

http://www.facebook.com/grincom

http://www.twitter.com/grin_com

Universität Kassel
Seminar: Einführung in das politikwissenschaftliche Arbeiten.
Was sind Gewerkschaften?

Hausarbeit
WS 2017/18

Verfassungsmäßigkeit des Beamtenstreiks
Ist das Streikverbot für Beamte rechtens?

vorgelegt von: Anton Kleister

B. A. Politikwissenschaften/Geschichte
1. Fachsemester
Abgabetermin: 18.01.2018

Inhaltsverzeichnis

Inhaltsverzeichnis I

Abkürzungsverzeichnis II

1   Einleitung 1

2   Allgemeines zum Streik 1
2.1   Der Streikbegriff 1
2.2   Rechtsgrundlage 2

3   Das Beamtentum 2
3.1   Das Beamtentum und die Unterschiede zu Angestellten 2
3.2   Möglichkeiten der Organisaton 3
3.3   Streikverbot und Gründe 4

4   Konflikt 4
4.1   Ist das Streikverbot verfassungsgemäß? 4
4.2   Urteile 5

5   Fazit 6

Literaturverzeichnis III

Abkürzungsverzeichnis

Abs. = Absatz

Art. = Artikel

Aufl. = Auflage

BAG = Bundesarbeitsgericht

BAT = Bundes-Angestelltentarifvertrag

BBesG = Beamtenbesoldungsgesetzt

BBG = Bundesbeamtengesetz

Bd. = Band

BLBS = Bundesverband der Lehrerinnen und Lehrer an beruflichen Schulen

BPB = Bundeszentrale für politische Bildung

bzw. = beziehungsweise

DBB = Deutscher Beamtenbund

DGB = Deutscher Gewerkschaftsbund

DPolG = Deutsche Polizeigewerkschaft

EKBO = Evangelische Kirche Berlin-Brandenburg-schlesische Oberlausitz

ebd. = ebenda

f. = folgende

GdL = Gewerkschaft deutscher Lokomotivführer

GG = Grundgesetz

Hg. = Herausgeber

IG = Industriegewerkschaft

Nr. = Nummer

NRW = Nordrhein-Westfalen

S. = Seite

TV-H = Tarifvertrag für den öffentlichen Dienst des Landes Hessen

TV-L = Tarifvertrag für den öffentlichen Dienst der Länder

TVöD = Tarifvertrag für den öffentlichen Dienst

VBB = Verband der Beamten der Bundeswehr

vgl. = vergleiche

z. B. = zum Beispiel

1. Einleitung

Informiert man sich über Streik, stößt man auf Namen wie Vereinigung Cockpit, dessen Mitglieder am 21.12.2017 Ryanair bestreikten (vgl. vcockpit 2017) oder auch IG Metall die ihre Mitglieder am 04.01.2018 zum Streik gegen den Automobilhersteller Porsche aufforderten (vgl. igmetall 2018). Streiks sind in der Industrie und in der freien Wirtschaft längst keine Seltenheit mehr, aber wie sieht es mit den Staatsbediensteten, mit den Lehrern, den Polizisten, kurz um, mit den Beamten aus? Mit dieser Frage werde ich mich in meiner Arbeit beschäftigen. Ich werde die herrschende Meinung erklären und mich mit den Gesetzesgrundlagen und Widersprüchen beschäftigen. Will man sich darüber Klarheit verschaffen, was ein Streik ist und ob die für ihn geltenden Regelungen eingehalten werden, stellt man mit einem Blick ins Gesetz fest, dass das Streikrecht nicht explizit geregelt ist. Das wiederum führt zu der Fragen wo und in welcher Weise das Streikrecht geregelt ist und für wen es gilt. Um diese Fragen zu beantworten werde ich zunächst den Begriff des Streikes definieren. Im weiteren Verlauf der Arbeit werde ich die Unterschiede zwischen Beamten und Angestellten herausarbeiten und erklären, warum bei ersteren, das Streikrecht nicht anwendbar ist.

2. Allgemeines zum Streik

2.1 Der Streikbegriff

Streik ist eine Kampfmaßnahme der Arbeitnehmerseite, die sich in einer kollektiven und planmäßigen Arbeitsniederlegung äußert. Mit dem Ziel bestimmte Forderungen an die Arbeitgeberseite durchzusetzen und nach der Durchsetzung dieser, die Arbeit wieder aufzunehmen (vgl. Gabler 2018). Streik ist grundsätzlich das letzte Mittel, das nur eingesetzt wird, wenn die Tarifverhandlungen definitiv gescheitert sind. Peter Birke und Heiner Dribbusch stellten fest, dass die häufigsten Streiks in Deutschland in der Metall- und Elektroindustrie und nicht im öffentlichen Dienst stattfinden (vgl. S. 12). Dieser Umstand liegt dem herrschenden Streikverbot für Beamte zugrunde.

2.2 Rechtsgrundlage

Deutschland verfügt über ein restriktives Streikrecht, welches nicht gesetzlich verankert ist. Es gilt als sogenanntes Richterrecht, das vom Bundesarbeitsgericht (BAG) abgesteckt und von der verfassungsrechtlichen Koalitionsfreiheit Art. 9 GG abgeleitet wurde. Es gibt kein individuelles Streikrecht. Streiks sind nur zulässig wenn Gewerkschaften dazu aufrufen. Darüber hinaus darf nur gestreikt werden, wenn der Abschluss eines Tarifvertrages angestrebt wird (vgl. Birke/Dribbusch 2012, S.12). Artikel 9 des Grundgesetzes (Vereinigungs- und Koalitionsfreiheit) ist der Artikel, vom welchem das faktische deutsche Streikrecht abgeleitet wurde und wird daher gemeinhin aus diesem interpretiert. In Absatz 3 gibt dieser Artikel jedem Deutschen das Recht in Vereinigungen einzutreten, die sich für die Förderung der Arbeits- und Wirtschaftsbedingungen einsetzen. Dies gilt für Jedermann und für alle Berufe. Folglich auch für den öffentlichen Dienst und somit für Beamte. Aus welchen Gründen es laut herrschender Meinung Beamten trotzdem untersagt ist zu streiken dazu komme ich in meinem nächsten Kapitel.

3. Das Beamtentum

3.1 Das Beamtentum und die Unterschiede zu Angestellten

„Beamter […] ist jemand, der [durch] Aushändigung einer Ernennungsurkunde in ein öffentlich rechtliches Dienst- und Treueverhältnis zu einer […] juristischen Person des öffentlichen Rechst [geworden] ist" (Langer/Wichmann 2007, S. 73). Dies ergibt sich aus dem Artikel 33 des Grundgesetzes. Laut Absatz 2 dieses Artikels hat jeder Deutsche nach Eignung und Befähigung das Recht dazu. Die Aufgeben eines Beamten sind im Rahmen des Treueverhältnisses gesetzlich geregelt. Nach Art. 33 Abs. 4 GG sind nur solche Personen (Beamte) befugt Daueraufgaben, die dem Hoheitsrecht unterliegen, auszuführen. Was bereits den ersten Unterschied zu Angestellten darstellt, diese dürfen genannte Aufgaben nicht ausführen beziehungsweise nicht übertragen bekommen, da sie sich nicht in einem Treueverhältnis zum Staat befinden, sondern in einem privatrechtlichem Arbeitsverhältnis. Ein weiterer Unterschied zwischen Beamten und Angestellten ist die Dauer des Arbeitsverhältnisses, welches bei Beamten in der Regel auf Lebenszeit besteht und mit dem Eintritt in den Ruhestand endet. Wohingegen die Angestellten grundsätzlich nicht auf Lebensdauer eingestellt sind, es ist theoretisch, unter Berücksichtigen geltender Fristen, möglich das Arbeitsverhältnis zu beenden (vgl. EKBO 2016, S. 1). Mit dem Beamtentum gehen weitere Rechte und Pflichten einher die für Angestellte nicht gelten. Der Beamte hat sein Amt unparteiisch und zum Wohle der Allgemeinheit zu führen und hat seinem Vorgesetzten gegenüber grundsätzlich Unterstützung und Gehorsam zu leisten, auch wenn Bedenken bezüglich der Rechtmäßigkeit bestehen. Dies kann zur Beschränkung der freien Meinungsäußerung führen, was ein Widerspruch zum Artikel 5 Abs. 1 GG darstellen würde. Wobei bei Beamten unterschieden werden muss, ob eine Äußerung innerhalb oder außerhalb des Dienstes getätigt wurde. Innerhalb des Dienstes muss der Beamte auf Mäßigung seiner persönlichen Meinung achten, die sich auch aus der Treuepflicht ergeben kann (vgl. Leppek/Wagner 2011, S. 143). Des Weiteren bestehen die Pflicht der Amtsverschwiegenheit und ein Streikverbot. Verstöße können mit einem Disziplinarverfahren geahndet werden (vgl. Duden 2015). Dagegen stehen der Flexibilität des Dienstverhältnisses des Beamten, ins besondere bei der Versetzung, keine großen Hürden im Weg. Dazu kommt, dass ein Beamter frei von Sozialversicherungsbeiträgen ist. Personen die sich in einem Beamtenverhältnis befinden, steht eine angemessene Vergütung zu, die nach der Beamtenbesoldungsordnung errechnet wird und gesetzlich im Beamtenbesoldungsgesetz (BBesG) geregelt ist. Die Besoldung eines Beamten ist nicht als Entgelt für geleistete Arbeit zu bewerten, sondern als eine Alimentation, die dem Beamten eine, seinem Status entsprechende, Lebensführung ermöglichen soll (vgl. EKBO 2016, S. 1f). Darüber hinaus hat der Dienstherr des Beamten auch nach Ausscheiden in den Ruhestand für dessen Wohl und das Wohl dessen Familie zu sorgen. Alle Beamte, auch Ruhestandsbeamte, haben ein Anrecht auf Rechtsschutz (vgl. Duden 2015). All diese Vorteile gelten bei Angestellten in privatrechtlichen Arbeitsverhältnissen nicht, auch wenn sie im öffentlichen Dienst tätig sind.

3.2 Möglichkeiten der Organisation

Der bereits erwähnte Artikel 9 Abs. 3 des Grundgesetzt (Vereinigungs- und Koalitionsfreiheit) gilt für „jedermann und alle Berufe", dementsprechend auch für den öffentlichen Dienst. Demnach hat jeder Beamte das Recht, einer Gewerkschaft beizutreten und ihre Arbeit zu fördern und darf dafür nicht gemaßregelt oder benachteiligt werden (vgl. Leppek/Wagner 2011, S. 144). Das geht auch aus dem Bundesbeamtengesetz §116 Abs. 1 & 2 hervor. Es gibt deshalb eine Vielzahl von Gewerkschaften, die Mitglieder des öffentlichen Dienstes organisieren. Viele dieser Gewerkschaften sind in dem Dachverband *DBB Tarifunion* organisiert, welcher nach dem DGB, zwar nicht den größten allgemeinen Dachverband, jedoch den größten Dachverband für Beamte in Deutschland darstellt. Im DBB sind 41 Mitgliedsgewerkschaften vertreten, darunter unter anderem die Lokführergewerkschaft (GdL), der Bundesverband der Lehrer (BLBS), die Polizeigewerkschaft (DPolg) und der Verband der deutschen Bundeswehr (VBB) (vgl. DBB 2018). Außerhalb des genannten Dachverbandes sind andere Gewerkschaften für den öffentlichen Dienst und für Beamte existent. Es existieren ebenso Tarifverträge für den öffentlichen Dienst wie beispielsweise der BAT, der seit 1961 gilt und der nach vielmaliger Änderung, 2005 weitestgehend vom TVöD ablöst wurde (vgl. Creff 2006, S. XI) und den TV-L bzw. TV-H der seit dem 01.11.2006 gültig ist (vgl. Gamisch/Richter 2014, S. 14, 18). Die genannten Tarifverträge gelten jedoch nur für Angestellte und Arbeiter des öffentlichen Dienstes. Beamte können nicht zu dem Mittel der Tarifverhandlungen greifen (vgl. Leisner 1995, S. 129), da sie nicht tariflich sondern nach dem BBesG besoldet werden.

3.3 Streikverbot und Gründe

Nach herrschender Meinung besitzen Beamte in Deutschland kein Recht zum Zwecke der Förderung gemeinsamer Berufsinteressen zu streiken (vgl. Leppek/Wagner 2011, S. 144; Birke/Dribbusch 2012, S. 12). Das liegt zum einen daran, dass das Streikrecht im Allgemeinen, anders als in einzelnen Länderverfassungen, nicht ausdrücklich im Grundgesetzt verankert ist (vgl. Gross 1963, S 559). Das Streikrecht ist ein richterliches Recht, das vom Art. 9 GG abgeleitet wurde. Bei Beamten im speziellen lieg es daran, dass in ihrem Fall das Streikverbot aufgrund eines anderen Artikels des Grundgesetzes, nämlich Art. 33 Abs. 5

„Absatz 5:
Das Recht des öffentlichen Dienstes ist unter Berücksichtig der hergebrachten Grundsätze des Berufsbeamtentums zu regeln und fortzuentwickeln."

verwehrt ist, wie Sabine Leppek und Fritjof Wagner erklären (S. 144). Der Artikel verweist auf das Beamtenrecht in dem, unter anderem, die beamtliche Treuepflicht geregelt ist. Diese ist, wie Wolfgang Leisner ausführt, Legitimation für das Streikverbot für Beamte. „Das Streikverbot […] kommt aus der übergreifenden Treuepflicht der Gesamtkörperschaft des Beamten, es legitimiert sich aus der Notwendigkeit vom Willen privater Dritter (Gewerkschaften) unabhängiger Aufgabenerfüllung" (S. 177). Andererseits enthält der selbige Artikel, ebenfalls in Absatz 5, eine sogenannte „Strukturgarantie", was bedeutet, dass es dem Gesetzgeber durch die Regelung dieses Absatzes erschwert wird auf das Beamtenrecht zuzugreifen, es zu reformieren oder dem Arbeitsrecht anzugleichen (vgl. Bohm 2015, S. 5), somit sind die beamtlichen Privilegien rechtlich geschützt. Ein anderer Grund für ein Verbot des Streikes für Beamte liegt in den Regelungen des Streikrechts selbst, wie in Kapitel 2.2 bereits genannt, ist ein Streik nur dann zulässig, wenn der Abschluss eines Tarifvertrages angestrebt wird. Da die Besoldung der Beamten, wie ebenfalls bereits erwähnt, gesetzlich und nicht tariflich geregelt ist, besteht für diese keine Möglichkeit zum Streik (vgl. ebd., S. 10).

4. Konflikt

4.1 Ist das Streikverbot verfassungsgemäß?

Die Umstrittenheit des Beamtenstreikverbotes ist eine verfassungsrechtliche Frage. Art. 9 Abs. 3 der deutschen Verfassung zufolge, darf jeder, unabhängig von seinem Beruf, in eine Vereinigung zur Förderung von Arbeits- und Wirtschaftsbedingungen eintreten. Beamten ist es nicht untersagt ein tätiges Mitglied in Gewerkschaften zu sein, womit, anders als die gegenwärtige Meinung, Art. 9 nicht verletzt wird. Wie bereits ausgeführt, ist das Streikrecht aus

Art. 9 GG lediglich abgeleitet und kein Bestandteil des Artikels. Herrschender Meinung nach, basiert das beamtliche Streikverbot auf Art. 33 Abs. 5 GG, welcher auf das Beamtenrecht verweist. Anders gesagt, Art. 33 schließt das Beamtenecht in die Verfassung ein. Dieser Umstand hat für Beamte nicht nur negative Folgen wie das Streikverbot, sondern auch positive, beispielsweise ist die Beamtenstellung, mit samt allen Privilegien aber auch Pflichten, weitestgehend gegen staatliche Einflüsse gesichert (Änderungen oder Abschaffung des Beamtenstatuses). Wird ein Beamter ernannt, leistet er einen Eid, in welchem er sich den Gesetzen und der Verfassung der Bundesrepublik Deutschland gegenüber zur Treue verpflichtet (vgl. Bohm 2015, S. 6). Folglich verpflichtet er sich zur Treue jedes einzelnen Artikels des Grundgesetzes, einschließlich 9 und 33. Aus diesen Gesichtspunkten betrachtet, stellt sich kein verfassungsmäßiger Konflikt, zwischen diesen meist diskutierten Artikeln im Zusammenhang mit dem Beamtenstreikverbot, heraus. Ein Beamter muss sich an beide Artikel halten. Anderen Meinungen zu folge, verstoße das Beamtenstreikverbot ebenfalls gegen Art. 8 GG (Versammlungsfreiheit), dies ist jedoch nicht der Fall, da Beamten durchaus an z. B. Schweigemärschen oder Protestversammlungen teilnehmen dürfen (vgl. Leppek/Wagner 2011, S. 144). Auch die Argumentation, dass Beamte sich auf das richterliche Streikrecht beziehen dürfen, läuft ins Leere, da nach genanntem Recht, nur gestreikt werden darf wenn ein Abschluss eines Tarifvertrages angestrebt wird. Für Beamten gibt es keine Tarifregelungen, da ihre Besoldung gesetzlich festgeschrieben ist. Der Konflikt liegt viel mehr darin, dass es kein verfassungsrechtliches Streikrecht gibt das klare Regelungen zum Streik allgemein und im speziellen auch für Beamte enthält.

4.2 Urteile

Das Streikverbot gehört zu den hergebrachten Grundsätzen des Beamtentums, dazu hat sich auch das Bundesverfassungsgericht in einem Urteil vom 11.06.1958 ausgesprochen. Darin heißt es „[Dem Beamten ist es untersagt][…] auf die Höhe seines Gehaltes einzuwirken, ebenso wenig ist er […] befugt zur Förderung kollektiver Interessen wirtschaftliche Kampfmaßnahmen zu ergreifen". Damit ist nicht jede Koalitionsbetätigung untersagt, wohl aber Arbeitskampfmaßnahmen (Di Fabio 2012, S. 31). In einem weiteren Fall, bei dem eine Lehrerin aus NRW, die in einem lebenslangen Beamtenverhältnis steht, nach der Teilnahme an einem Warnstreik von ihrem Dienstherrn mit Disziplinarmaßnahmen konfrontiert wurde, klagte, betonte das Oberverwaltungsgericht Nordrhein-Westfalen, am 7. März 2012, das Streikverbot für Beamte (vgl. ebd., S. 12). Urteile die von supranationaler Ebene ergehen, in denen Beamten das Streikrecht zugestanden wird, sind nicht anwendbar, denn anders als allgemein angenommen, „erlaubt das Unionsrecht keinen Eingriff in die Struktur des mitgliedstaatlichen öffentlichen Dienstes. Soweit das Unionsecht das Streikrecht der Arbeitnehmer auf [das Beamtentum] ausdehnen würde, läge dies außerhalb der vertraglich übertragenen Hoheitsrechte" (ebd., S. 66).

5. Fazit

Das Streikverbot für Beamte ist umstritten. Dessen Gegner führen die Verletzungen von Grundrechtartikeln, hauptsächlich Art. 8 und 9, und die damit einhergehende Ungleichbehandlung von Beamten, an. Sind Beamte gegenüber privatrechtlichen Arbeitnehmern tatsächlich benachteiligt? Was das Streikrecht angeht, ja. Auf der anderen Seite sind privatrechtliche Arbeitnehmer gegenüber Beamten ebenfalls benachteiligt und das sogar in einem größeren Maße. Sie können nämlich nicht auf beamtenrechtliche Privilegien zurückgreifen wie beispielsweise Anstellung auf Lebensdauer. Beamte haben diesen Vorteil und sind damit gesetzlich abgesichert. Dagegen lässt sich noch anführen, dass Beamte durch ihre gewährten beamtenrechtlichen Privilegien weniger Gründe zum Streik haben. Die Pflicht zur Unterstützung, Gehorsam und die Folgepflicht dem Dienstherren gegenüber, kann zu persönlichen, in Extremfällen, sogar zu moralischen Bedenken führen und den Beamten in der freien Entfaltung seiner Persönlichkeit, welche ebenfalls ein Grundrecht (Art. 2 GG) darstellt, hemmen. Hierbei kommt es auf die Verhältnismäßigkeit an, beispielsweise ist das Verbot für männliche Zollbeamte, zur Dienstkleidung Ohrschmuck zu tragen rechtmäßig und verstößt nicht gegen Art. 2 GG (vgl. Langer/Wichmann 2007, S. 141). In allen anderen Fällen, z. B. bei persönlichen Meinungsverschiedenheiten, kann der Beamte eine Versetzung beantragen oder in heiklen Fällen den Rechtsweg wählen. Was darüber hinaus zu betonen ist, ist die Tatsache, dass ein jeder, der sich in ein Beamtenverhältnis begibt, dies freiwillig tut, ja es sogar anstrebt, gerade wegen der artaktiven Vorteile. Wo es allerdings Vorteile gibt, gibt es immer auch Nachteile. Jeder der sich verbeamten lässt, muss sich im Vorfeld über diese in klaren sein und akzeptieren, dass Streikverbot zu den Nachteilen gehört, die er in so einem Verhältnis hinnehmen muss. Die verfassungsrechtlichen Diskrepanzen, die das Streikverbot mit sich bringt, sind nur auf den ersten Blick welche. Bei genauer Betrachtung und Auseinandersetzung, erkennt man, dass es sie nicht gibt. Dies wird auch von Gerichten bestätigt, die in ihren Urteilen stets für das Beamtenstreikverbot argumentierten. Außerdem garantiert das System des Beamtentums die Funktionsfähigkeit des Staates (vgl. Di Fabio 2012, S. IX). Alleine aus diesem Grund ist ein Streikverbot für diese Berufsgruppe gerechtfertigt.

Literaturverzeichnis

Birke, Peter; **Dribbusch**, Heiner: Die Gewerkschaften in der Bundesrepublik Deutschland. Organisation, Rahmenbedienungen, Herausforderungen, Bonn 2012.

Bohm, Rolfdieter: Rechte und Pflichten von Beamten und Arbeitnehmern im öffentlichen Dienst in Brandenburg im Zusammenhang mit ehrenamtlichem, politischem oder gewerkschaftlichem Engagement, Potsdam 2015.

BPB: Art. 2, Art. 5, Art. 8, Art. 9, Art. 33, in: Deutscher Bundestag (Hg.), Grundgesetz, Bd. 1743, Bonn 2017, S. 15-35.

Creff, Gabriele: BAT. Tarifrecht West/Ost. Öffentlicher Dienst. Bundesländer. Mantel TV. VergütungsTV. ZulagenTV, Aufl. 1, München 2006.

DBB: Der DBB, URL: https//:www.dbb.de/der-dbb.html, 2018, letzter Zugriff: 04.01.2018.

DBB: Mitgliedgewerkschaften, URL: https//:www.dbb.de/mitgliedgewerkschaften.html, 2018, letzter Zugriff: 04.04.2018.

Dejure: Beamtengesetzt §116, URL: https://dejure.org/gesetze/BBG/116.html, 2018, letzter Zugriff: 07.04.2018

Di Fabio, Udo: Das beamtenrechtliche Streikverbot. Das Streikverbot der Beamten als konstitutiver Bestandteil rechtsstaatlicher Demokratie, München 2012.

Duden: Recht A-Z. Fachlexikon für Studium, Ausbildung & Beruf, Aufl. 3, Berlin 2015.

EKBO: Vergleich Angestellte und Beamte in der EKBO, URL: http:www.ekbo.de/fileadmin/ekbo/mandat/ekbo.de/1._WIR/04._Landessynode/07._2016_Frühjahr/DS10_-Anlage_1-_Vergleich_Angestellte_und_Beamte_1.3pdf, 2016, Letzter Zugriff: 07.04.2018.

Gabler: Definition Streik, URL: wirtschaftslexikon.gabler.de/Definition/Streik.html, 2018, letzter Zugriff: 04.01.2018.

Gamisch, Anette; **Richter**, Achim: Eingruppierung TV-L in der Praxis Handbuch. Die neue Entgeltordnung: Verwaltung körperliche/handwerkliche Tätigkeiten. Aktuelle Rechtsprechung. Wissen für die Praxis, Aufl. 2, Regensburg 2014.

Gross, Rolf: Streikrecht und Grundgesetzt, in: DGB (Hg.), Gewerkschaftliches Monatsheft Nr. 14, Köln 1963, S. 559-561.

IG Metall: Tarifstreik, URL: https//:www.igmetall.de/traifstreik-2018-26060.htm, 2018, letzter Zugriff: 04.01.2018.

Langer, Karl-Ulrich; **Wichmann**, Manfred: Verwaltung in Praxis und Wissenschaft. Öffentliches Dienstrecht, Aufl. 6, Stuttgart 2007.

Leisner, Wolfgang: Beamtentum, in: Josef Isensee (Hg.), Schriften zum Beamtenrecht und zur Entwicklung des öffentlichen Dienstes 1968-1991. Schriften zum öffentlichen Recht, Bd. 684, Berlin 1995, 707 S.

Leppek, Sabine; **Wagner**, Fritjof: Beamtenrecht. Start ins Rechtsgebiet, Aufl. 11, Heidelberg 2011.

Vcockpit: Warnstreik bei Ryanair nach erfolglosen Verhandlungen, URL: https://www.vcockpit.de/presse/pressemitteilungen/detailansicht/news/warnstreik-bei-ryanair-nach-ergebnislosen-verhandlungen.html, 2017, letzter Zugriff: 04.01.2018.

BEI GRIN MACHT SICH IHR WISSEN BEZAHLT

- Wir veröffentlichen Ihre Hausarbeit, Bachelor- und Masterarbeit

- Ihr eigenes eBook und Buch - weltweit in allen wichtigen Shops

- Verdienen Sie an jedem Verkauf

Jetzt bei www.GRIN.com hochladen und kostenlos publizieren